PA
GUE
A VIS
TA

[1ª reimpressão]
Abril 2025

Copyright © Camila Ferrazzano, 2024

Editores
María Elena Morán
Flávio Ilha
Jeferson Tenório
João Nunes Junior

Capa: Maria Williane
Projeto e editoração eletrônica: Studio I
Fotografia: Rafael Trindade

Dados Internacionais de Catalogação na Publicação (CIP) de acordo com ISBD

F381p Ferrazzano, Camila
Pague a vista/ Camila Ferrazzano. - Porto Alegre : Diadorim Editora, 2024.
120 p. ; 12cm x 18cm.
ISBN: 978-65-85136-19-8
1. Literatura brasileira. 2. Poesia. I. Título.

CDD 869.1
CDU 821.134.3(81)-1

Elaborado por Odilio Hilário Moreira Junior - CRB-8/9949
Índice para catálogo sistemático:
1. Literatura brasileira : Poesia 869.1
2. Literatura brasileira : Poesia 821.134.3(81)-1

Todos os direitos desta edição reservados à

Diadorim Editora
Rua Antônio Sereno Moretto, 55/1201 B
90870-012 - Porto Alegre - RS

ZPAL
GKUEX
HAMVP
VISRDTA
NBXCAMILA
FERRAZZANO
RBNECDOKPG
TORKIHSED
DIADORIM
EDITORA

ao meu diretor
que apesar de resistir bravamente
não resistiu

Mas fui eu quem vazou os meus olhos.
Mais ninguém.

Sófocles, *Édipo Rei*

A beleza, sempre frágil e fugidia,
cuja função é tanto a de esconder a morte,
quanto a de lembrá-la incessantemente.

Radmila Zygouris

PRÓLOGO

O público entra no teatro.

Sobre o palco não há nada.

O público espera alguém fazer alguma coisa.

Sobre o palco não há nada.

De repente:

o tempo

(A qualquer momento algo terrível acontecerá.)

Primeiro ato: A CASTRADA

COMEÇO

no entulho
da guerra:
a cópula

FRONT

I.
nenhuma de nós está segura
diante de um soldado

II.
os soldados e seus orgulhos
pensam que honram a nação e etc
parece o mínimo
que eles possam fincar seus mastros tortos
no meio de nossas pernas tortas

III.
nós somos a recompensa
por sua bravura
e etc

IV.
então limpamos nossos rasgos
com banhos de assento
ensinados pelas mães
de nossas avós

V.
são antigas essas cicatrizes
sangram todo mês

há pelo menos
dois mil e quinhentos anos

VI.
mas agora não é momento
agora é preciso
estender roupinhas no varal

VII.
(o verso é curto pra caber no tempo
do cozimento do feijão)

VIII.
se lisístrata tivesse negado trepar
com o soldado com quem se casara
seu corajoso marido teria
violado o ventre de sua amada

IX.
se lisístrata não fosse mulher
o espetáculo não seria comédia

X.
se fausto fosse mulher
teria ardido na fogueira
na página 38

X.
qual o feminino de soldado

XI.
bruxa

MODOS DE BATER NUMA FÊMEA

é muito fácil bater numa fêmea
basta espalmar num formato de tiro
a mão sobre seu rosto

pode ser que ela tombe na calçada
& um pouco de vermelho
escorra do nariz

mas não há com que se preocupar:
as fêmeas estão acostumadas
a vazar por aí
principalmente sangue principalmente no frio

caso fêmeas manchem as vias públicas
recomenda-se outras fêmeas para limpar

desgarrar o impuro pigmento do asfalto
requer uma mãe desinfetante e bastante escovão

no esfregar sugere-se a posição de quatro
ninguém fica de quatro
como uma fêmea
(se uivar é melhor se não fica quietinha)

é concebível que tua mão espalmada no formato de

um tiro
mate a fêmea
ali
a olhos vistos

caso isso aconteça
convém certa pressa mas nem tanta

caso não aconteça
ela seguirá viva o que às vezes é muito pior

sendo como deus quiser
não perca o sono pensando
nas testemunhas oculares

as testemunhas oculares serão ocultadas
por um procedimento
muito difícil de explicar

na casa na praça na escola na igreja no tribunal
não se fala em outras coisas há tanto tempo
que não há risco de perceberem
aquela coitada

que caiu da escada e por infortúnio
ninguém viu para ajudar

AÇOUGUE

I.
de meus demônios mantenho
uma distância saudável:
eles nunca passam fome

II.
olá
eu sou o garçom e essa noite
irei te servir
ali está o chef
que também sou eu
o manobrista
também sou eu
o cara que limpa o banheiro
também sou eu
a mulher sentada na sua frente
também sou eu
a figuração
também sou eu
e a mesa é claro
essa vadia em quatro apoios
sou eu

III.
que bom que você veio

IV.
peço desculpas pois a carne
é excessivamente salgada
cospe choro e sêmen
quando macetada
se você apertar aqui ela geme
se você triscar ali ela finge

V.
era pra ser sua cabeça na bandeja de prata
mas minha salomé é uma medusa
se olhando no espelho

REFRÃO PARA UM BANQUETE BÉLICO

você diz
eu te amo
e eu sinto
seu revólver
nas costas

você diz
eu te amo
e eu sinto
seu revólver
estourando
meus miolos

você diz
eu te amo
e eu sinto
seu revólver
a preencher
minha oquidão

você diz
eu te amo
e eu sinto
seu revólver
errar o alvo

outra vez

você diz
eu te amo
e eu sinto
um revólver

ESSA REFÉM NÃO SERÁ ENTERRADA

quando eu amo
sempre deixo uma mala
com itens de sobrevivência
dentro do carro

nunca se sabe quando o amor sacará um revól-
ver
nunca se sabe quando o amor
nunca se sabe mas é possível

um revólver ali no canto

CASTRADA

I.
(prólogo)
no lugar da peça
que falta deste quebra cabeça
colei um chiclete
mascado pelo meu sequestrador

II.
o espetáculo é direção minha
e embora a classificação indicativa seja 18
eu mesma entrei em cena bem antes

III.
meu espetáculo é violento
no fim mato o homem com umas facadinhas

IV.
é um momento delicado esse
de fincar o aço na pele do outro
mas é no teatro que me vingo
daquilo que não pude me defender

V.
o espetáculo é supostamente direção minha
mas na cena final

o ator principal não comparece

VI.
surge o substituto
feito mágica feito roteiro feito repetição
tem os dentes alvos
diz que conhece as marcações
fez teatro na infância
promete meu prazer de diretora
e passa no teste do sofá

VII.
(intermezzo)
esse espetáculo nunca foi meu
essa direção foi direcionada por aquele que não
                             [deve ser no-
meado
esse sonho sonharam por mim

VII.
na cena final meu corpo tombado a pele de
vênus   [rasgada a
plateia vazia

VIII.
(epílogo)
A irmã entra:

A COMEDORA DE GIRINOS

I.
essa ninharia é minha
guardo-a na mão fechada
do pouco que me deste
fertilizei o jardim

II.
hoje tenho esta cadeira
e dezoito espécies de plantas carnívoras
em dias de sol ponho-me entre elas e almoçamos
[juntas
minhas juntas e outras viscosidades

III.
é o seguinte
deixe-me com meu punhado de pó
não gritarei aos bandoleiros impropérios
trato mal apenas a mim mesma
minha dor é civilizada feito um guarda de trânsito:
conduz com o dedo em riste
apita aos baderneiros e anota
as placas que não deveriam ter saído de casa

IV.
por sinal

minha vida é lotada
de carros que não deveriam ter saído de casa

V.
nem por isso reclamo
no máximo escrevo punhetinhas
com a porra dos amantes do último século

VI.
seus girinos secaram
dentro de minhas unhas
e deus sabe: é só por isso
que não as roo mais

VII.
passou-se meu tempo de comedora de girinos
hoje
hoje prefiro uma boa macarronada

ATÉ QUE FINALMENTE ATIRAM EM VOCÊ

I.
minha escrita
é uma tentativa
de homicídio

II.
às vezes
em legítima defesa

A EX DO ATUAL

e se
seu ódio
for tesão

RECEITA

uma mulher na cozinha é almoço
duas mulheres na cozinha é domingo
três mulheres na cozinha é natal
quatro mulheres na cozinha é conversa
cinco mulheres na cozinha é choro
seis mulheres na cozinha é problema
sete mulheres na cozinha não têm refeição
oito mulheres na cozinha trancam a porta
nove mulheres na cozinha sussurram
dez mulheres na cozinha se tocam
onze mulheres na cozinha se armam
doze mulheres na cozinha é levante
treze mulheres na cozinha não há mais cozinha

A CUCA VEM PEGAR

mãe
você é minha heroína
e a clínica de reabilitação

ALTA COSTURA

amar e amarrar
a um laço
de distância

ATO FALO

meu marido não acredita
em atos falhos
ele tem fé no músculo da língua

mas isso até que eu
entre nossos solavancos amorosos
balbucie outro nome

A MULHER NÃO EXISTE

comi um psicanalista
sem palitar os dentes

atolei o falo em minha boca
aninhei tua neurose nos furos
contornei a borda do umbigo com a língua
estendi meu rosto liso à violência
castrei o desejo na justeza da fantasia
comportei-me como seu objeto perdido
atuamos na ceninha primordial
safada como só uma melancólica poderia ser

hoje comi um psicanalista
e apesar de tanto freud
ele tem certeza que me comeu

não sei se era a lua
ou a tentativa de fabricar o amor
mas jogada no teu colchão
banhado pela luz da noite
senti estalactites na gruta
da minha fêmea fenda
os lobos e bruxas uivaram
logo para mim que não creio
nem no acaso nem em milagres
depois era subitamente sexta feira
um cão no cio vestido de homem
esfregava sua pele suada em minha pele lacrimosa
e com os olhos revirados
procurei a mulher da terra
brilhando em sua alvura e escuridão
a lua piscou pra mim
eu pisquei pra lua
e homem-cão entrava e saia de meu ventre
indiferente a pornográfica traição

OBSCENA

não ser submissa
com exceção
de vez em quando

ser descoberta
quando totalmente
vestida

CAROLINA

I.
para caber em mim aumentei
a superfície de contato com as palavras
estive atenta a suas partes impronunciáveis
e ao invés do dever
o que faço são desenhos

desenhos em torno das palavras
que não conheço
há por exemplo um coração torto
em formato de uma ilha
a margear teu nome

e eu que não sou peixe
atravesso a nado
os limites geográficos
que o lápis construiu para você

o teu nome
o teu nome é uma ilha impronunciável
na borda do meu coração disforme
é aqui que pesco coisas invisíveis
um olhar uma palavrinha um diminutivo
intragável

mas eu não escreverei

sobre a parte que não cede
eu juro por deus que o mundo não precisa
de mais um poema
falando sobre carolina

II.
carolina não há mais céu estrelado em ubatuba
carolina acabaram-se os vagalumes de ubatuba

III.
o que pode esse abajur fazer
além de iluminar
aquilo que o olho vê carolina

se eu pudesse meu amor mas eu não posso
aos vinte e seis eu não posso
agora a essa hora da noite
com estes fantasmas aninhando o rosto
tão perto do meu

se eu pudesse meu amor mas eu não posso
ignorar o redemoinho na sola dos pés
tão pequenos & frágeis
& tão sedentos de horas de voo

se eu pudesse meu amor mas eu não posso
seguir firme sobre as duas patas
te entregar uma adestrada performance
virar lobisomem bruxa e sereia
somente quando todos estivessem dormindo

mas eu não posso não posso
fazer do amor um negócio certo
investimento estável com perdas e danos
controláveis

as pesquisas indicam que tudo vai melhorar
e vai meu amor
porque o tempo é um bebê à procura do peito
e o peito é você e o filete de sangue
que vive na sombra de cada gesto

atrás do amor meu amor
há sempre uma carta extraviada
somos todos sobreviventes de um crime
que mais tarde fatalmente cometeremos

SUJA

como de garfo
amo com tripas
só lavo o peito
quando chove

EROSÃO

o desejo retira-me de mim
eros erodindo contornos
funda uma casa sem teto
chama de lar o lugar à beira
de nascentes e precipícios

o desejo torna-me inquilina na própria pele
e não faz concessão
até que acabe

ANTES DE DORMIR EU REZO

viver-te como um sonho
para nas noites em que você meu amor
transformar-se em pesadelo
eu consiga acordar

I.

querido diário
vez por outra capturo
no rosto do meu amado
um rosto desconhecido
é assim de rabo de olho
que o pego certas manhãs
a me chamar de benzinho
penso mas não digo:
o meu nome é outro

II.

parece perigoso avisar ao marido
que não sei de quem ele se trata
que assim pela quina dos olhos
ele não me parece um sujeito confiável
finjo naturalidade quando o estranho
inquilino do meu amor
toma o café preparado para os filhos
que o chamam de pai como se
não houvesse dúvidas
como se soubéssemos
alguma coisa factual a nosso respeito
o desespero é tanto que quando vejo
minha voz arremessou meia dose
de rum e parafernálias
para dentro e para fora
digo sem parar sobre
o fogão a geladeira a escola
as compras o carro o relógio
a bateria do relógio
é que não suporto o silêncio com
desconhecidos
parece que eles sempre esperam
algo de mim

III.

querido diário
meu amor se enfiou outra vez em seu pântano
ele pensa que escrevo a lista de compras
ao invés de poemas
pequenos poemas de difamação

IV.

esta noite despertei inquieta
sonhei com um verso capaz de mudar o mundo
mas se me levantasse abrupta
– na hora em que as mulheres decentes devem dormir –
meu marido poderia suspeitar
por isso fiquei quietinha
repetindo na cabeça:

V.

(às vezes penso que vou chorar pra sempre)

VI.

querido diário
é verdade que tenho em mim o furo
que cabe perfeitamente o anelar
de outro homem
mas ao ver maria minha vizinha
cavoucando a terra úmida de seu jardim
senti cócegas inconfessáveis

VII.

suspeito que nenhuma roseira
florescerá tão orvalhada
e com túnica tão vermelha
quanto a rosa de maria minha vizinha

MATRIMÔNIO

meu marido prometeu me amar como um desgraçado
prometeu suas vísceras porra e ternura
entregou-me coitado o que pode
e o que podia era muito pouco

ao teu lado meu marido sou infeliz
mas sou também cadela
padeço de medo e fidelidade
sigo latindo & abanando o rabo
a esses teus poucos atributos

despedaço prospecções
em aflições dispensáveis
acenando cada vez com mais distância
para aquela que não serei

meu marido é um estranho
cujo o magnetismo me enlaça a cintura
eu li feminismo e me considero alguém
relativamente crítica relativamente politizada
mas isso não me curou da cegueira
diante deste pobre homem que chamo meu marido

detesto meu marido
gostaria que ele morresse

gostaria de chorar sobre teu cadáver
sentir a afeição que em vida não fui capaz
por-me viúva e amá-lo com devoção
e sem palavras

NAUFRÁGIO

I.
choveu
uma chuva nunca vista
e as calhas despencaram
mágoa na casa toda

II.
começou por fora e foi subindo
(geralmente é assim que uma invasão se locomove)
atingiu o quintal e foi abocanhando a cozinha
os homens todos fugiram:
papai morreu e o irmão levou embora
o último guarda-chuva

III.
mamãe e eu ficamos a pescar
a intrusa água com os pequenos baldes
depois mamãe e eu despejávamos
no tanque nossa colheita
era o jeito
ela me disse
de conduzir a água pelos buracos certos

IV.
a chuva

humilhava nossos esforços
com a camisa colada ao corpo
as tetas de mamãe despontavam de frio
ela parecia tão resignada
de nossa vã tentativa de desafogar a casa
que não tive coragem de dizer
mãe é vã a tentativa a casa mãe tá tomada
não podemos salvá-la com baldes curtos
os meus e os seus braços não são fortes suficientes
somos fêmeas minha mãe não mergulhadores
não arraste os móveis não arregace
suas já largas mangas
essa chuva é maior que nós
essa doença é maior que nós
por favor mãe para
vamos tomar um café
abra todas as portas e janelas deixe a água correr
as represas improvisadas só fazem aumentar o barulho
por favor mãe pare de chorar
papai não está aqui
mas nós ainda estamos

my mOTHER is a woMAN

a mulher é a casa
onde outro homem
mora

ROTA DE FUGA

sair de mansinho
partir sem estardalhaço

desembrenhar-se numa lenta ruptura
ir à feira e se perder no caminho

recusar os cacos de vidro
recusar os pés em carne viva

o leito do rio que leva ao amor
é cheio de sangue e dias possíveis

mas use chinelos e olhe meio sim meio não
nunca olhe com as tripas

inteira assim só no chuveiro e desacompanhada
fundamental diminuir o risco de derramamento

manter as bordas apesar das ocasionais gentilezas
viver silenciosa o tempo prestes a arrebentar

este nascimento é um coração em frangalhos
como são todos os nascimentos

mas depois daqui

sobrevive-se

— partida víbora perversa —

e rastejando em direção a si mesma

ESCÂNDALO
(toquem essa música no meu funeral)

permaneço em desacato
abro mão do meu dever
de ficar calada

        só falo de boca cheia
        deselegante
        é falar de boca vazia

        basta desse negócio de oco
        o ralo da orfandade e o piercing
        atravessado no miocárdio
        são meu máximo de silêncio

nada vem do nada
nem drosófilas nem sonhos
a paixão e a paranoia
alugam o mesmo quarto
em que me hospedo
escrevo sobre o atropelo
de seguir levantando
dia após dia dia após dia após

as manhãs perfumo meus furos
cada qual com sua devida skin care
sou profundamente rasteira
foi o amor que me trouxe à superfície

embora todos os órgãos contenham
a inscrição da morte eu
mesma procuro não tomar
os pés pelas mãos
mas continuamente
troco as promessas pelo vão
que me molha as coxas

digo que amo como puta
só pra ver minha santa arder
fogueira abaixo

por aqui a ternura é vulgar:
padeço de tristeza
ao som de angela ro ro

ORAÇÃO

dê-me a lucidez
que vem depois do gozo
sem o gozo

Segundo ato: A VENDA

nada é plenamente inofensivo:
a chuva sempre cai
em cima de alguma coisa

CARNAVAL PSÍQUICO

tem fantasia
que a gente não precisa
pôr

PENETRANTE

antes de entrar em mim
tomou sobre a cômoda
os óculos de grau

PROFUNDAMENTE SUPERFICIAL

as aparências revelam as aparências relevam as aparências
relevo nariz boca nuca seu peito rasgado as aparências
delatam as aparências dilatam as aparências
completam as aparências mar-ciso
as aparências dentadas
as aparências refeitas
as aparências padecem
noite após noite
e depois:
cadáver

CURRICULUM VITAE

I.
o que te torce as tripas
o que te pinça o nervo
o que te arde a boca
o que te rasga a roupa
o que te arranca o rasgo
o que te estica o riso
o que te come vivo
o que te zuni a noite
o que te põe em febre
o que te lambe o beiço
o que te mata lento
o que te sobe os ombros
o que te dá o berro
o que te borbulha o verbo
o que te cozinha a carne
o que te programa o crime
o que te água a sede
o que te seca o sexo
o que te subtrai da soma
o que te espia feio
o que te afia a faca
o que te estala o olho
o que te olha torto
o que te endireita o voto
o que te volta sempre

II.
e qual é a sua
pretensão
salarial

DIA DAS CRIANÇAS

e eu que tinha tantos sonhos
tô me sentindo o máximo
de poder pagar este café gostoso

FAST FOOD

I.
meu auge
é muito baixo
beija de língua
o rés do chão

II.
entrego-te este meu alongado fêmur
para que palite teu karma
após o almoço

III.
sou um bom investimento
para teu crescimento
filosófico-espiritual
e ainda limpo
toda bagunça
depois da festa
mesmo que inclua
ingerir uma pílula
do dia seguinte
porque no dia anterior
você ficou com medo
que seu pau caísse

e se mostrasse
murcho feito eu

IV.
nosso coito
foi um toco
de promessa
mal remunerada

V.
me embrulha pra viagem
sim eu quero os utensílios
não eu não quero ajudar o planeta
confirma meu pedido
me bota na garupa
que hoje esse restaurante
vai pegar fogo

CONVITE

sim
este é o corpo que sou capaz de te estender
esta é a flacidez da última gestação
estes sulcos vieram sem anúncio
aquela cicatriz é meu calcanhar de aquiles
por isso nunca uso sapatos fechados ou palavras
                              [ambíguas
atrás dos joelhos: cócegas
na nuca: também
pelas orelhas: febre
no pescoço é fome

sim
este é o corpo que sobrou da miséria e da comilança
fui de sugestão da casa até amante mal passada
não me orgulho de todas feridas
nem todo sofrimento me soou uma oportunidade
pelo meu casco dá pra ver
o asco que sinto das insistentes vítimas

sim
também colhi meus próprios assassinatos
essa mão por exemplo já matou um homem
mas o pior crime foi poupar tantos outros
o que mais fiz foi cravar unhas postiças em afetos
                                    [postiços

veja isto aqui roído veja as cutículas abertas
esta é a verdadeira mão do meu afago:
doce & ruidosa
a língua que estalo no beijo
não é a mesma língua com a qual construo metáforas
meu idioma aprendi com o corpo
com o corpo desafoguei silêncios
a ternura mesmo só veio depois
diante do feto nomeado de: meu filho morto
estas xícaras de chá que tomo antes de dormir
são mamadeiras de mãe-órfã

sim
este é o corpo que se estende até você

A QUEDA

depois da primeira
mamada
é só
a leste do éden

HISTÓRIAS PARA ANTES DE DORMIR

invejo o sono da porra
eu mesma só fui agraciada
com o sono das donzelas:
ou estou acordada
ou envenenada
ou morta

O ESPETÁCULO DA MULHER BONITA

I.
a mulher bonita
diante do homem cego
é uma voz

e diante do homem
a mulher bonita
quase nunca é voz

mas diante do homem cego
a mulher bonita
é ruiva e pequena

embora a mulher bonita
não seja nem ruiva nem pequena

em frente ao cego
a mulher bonita
é suspense

e sendo suspense a mulher bonita
olhando o homem cego
pode ser outras

menos bonita menos pequena

e potencialmente mais perigosa

porque agora
diante deste cego
ela pode se defender

e é sendo vista pelo cego
que a mulher bonita percebe:
quase sempre foi preciso

II.
a mulher bonita está agora prestes a fazer alguma coisa

III.
ela está prestes a fazer alguma coisa
quando pega a faca de cozinha
beija de língua o homem cego

e sai

AO LOBO

I.
borboletas afiadas
na parte superior do estômago

essa truculência recheada de doçura
não pode me levar a óbito

(eu já morri uma vez dessa doença)

digo como se isso fosse perigoso
que esta noite ele não me terá

mas volto e faço de novo
há sempre um isqueiro que fica para trás

um souvenir do futuro refletido no retrovisor
ele tem raiva de alguma coisa

mas agora é de mim
dá pra sentir pelo jeito que mete

alguém precisa colocar esse homem pra chorar

II.
(se o ponto mais alto do planeta

guarda memória do mar
como vou esquecer você
enterrando tua espada
na boca do meu coração)

III.
saí de casa com nada
voltei assaltada
tá me faltando algo e as chaves estão aqui

BASTA UM TOQUE

é preciso esvaziar os objetos
deixá-los em carne viva

tirá-los da sombra da ausência
entregá-los a sua absoluta materialidade

encarar o copo e dizer oi copo

transformar a vaziez em oxigênio
lançar água fresca sobre os objetos carcomidos

e torcer
para que o telefone não toque

DIREITO AO ESQUECIMENTO

repetir
é lembrar
o escondido

RECALQUE

o incesto é preciso esquecer o incesto é preciso
esquecer o incesto é preciso esquecer o incesto
é preciso esquecer o incesto é preciso esquecer
o incesto é preciso esquecer o incesto é preciso
esquecer o incesto é preciso esquecer o incesto
é preciso esquecer o incesto é preciso esquecer
o incesto é preciso esquecer o incesto é preciso
esquecer o incesto é preciso esquecer o incesto
é preciso esquecer o incesto é preciso esquecer
o incesto é preciso esquecer o incesto é preciso
esquecer o incesto é preciso esquecer o incesto
é preciso esquecer o incesto é preciso esquecer
o incesto é preciso esquecer o incesto é preciso
esquecer o incesto é preciso esquecer o incesto
é preciso esquecer o incesto é preciso esquecer
o incesto é preciso esquecer o incesto é preciso
esquecer o incesto é preciso esquecer o incesto
é preciso esquecer o incesto é preciso esquecer
o incesto é preciso esquecer o incesto é preciso
esquecer o incesto é preciso esquecer o incesto
é preciso esquecer o incesto é preciso esquecer
o incesto é preciso esquecer o incesto é preciso
esquecer o incesto é preciso esquecer o incesto
é preciso esquecer o incesto é preciso esquecer
esquecer o incesto é preciso esquecer o incesto
é preciso esquecer o incesto é preciso esquecer

O RETORNO DO RECALCADO

honrar pai e mãe

TERCEIRO SINAL

peça
mas não faça espetáculo
se evitar as bordas
é truque

A OUTRA

toda mulher é uma flor
a puta foi uma flor
a mulher foi desabrochada
a puta foi exaustivamente desabrochada
a mulher recebe um buquê
a puta recebe
a mulher é a esposa
a puta é outra
a mulher é casada
a puta é cansada
a mulher finge que goza
a puta também
a mulher é papai-mamãe
a puta é de quatro
a mulher é mãe em processo judicial
a puta é intervalo
a mulher é casa
a puta é porão
a mulher é latifúndio
a puta é zona
a mulher é terapia de casal
a puta é terapêutica
a mulher é porrada
a puta é porra
a mulher é doida
a puta é doída
a mulher é puta

a esposa e a puta se encontram
no ponto gê do arrebol
o que uma diz para outra

de quem é o turno

AS DAMAS DA NOITE

as damas da noite
encolhem-se durante os dias

tomam banho infinitos
e ficam enrugadas

as damas da noite
precisam de chá e silêncio

para costurar seus ventres
até a próxima carnificina

dê-me créditos
reconheça
minhas mutilações
essas partes
que sobreviveram
são o mapa do tesouro
para um baú sem fundo
de onde pesco
os pesadelos
de menina

DEVORO-ME

o tarô disse que fatalmente fracassarei
em todos os meus sonhos

estou aliviada

agora posso insistir em mim
sem nenhuma expectativa
de sucesso

Terceiro ato: O REAL

(o Real não faz reembolso
aqui é:

só à vista

(Diante daquilo que desejo tenho a permanente
impressão da proximidade de minha morte.)

MORTE

o problema
é que o amor
tem o tamanho
da falta

SAUDADE

quem morreu segue
morrendo
todos os dias
quando acordo

FÉ

deus
é um sistema
nervoso

PRESSÁGIO

na última noite de sua vida
sonhou
com uma tartaruga
sem casco

REENCARNAÇÃO

pai
você me ensinou
que existe vida após a morte
este poema
é a prova disso

DOENÇA

alimentar a mãe
com a mesma colher
que em outra vida
ela me estendeu

LEMBRETE

do berço ao túmulo
amar
os vivos
como se mortos

POESIA

matar a fome
que nunca sede
ceder ao verso
o inarticulável
preencher
de lacunas
a suposição
estar no parapeito
do milagre
e resistir
ao encanto
da queda

VIGÍLIA

I.
        no entre atos
  uma saudade
    criminosa

         no entre atos
  o estrangulamento
    a falta de ar o excesso
            de pulmão

II.

          é no meio do corpo
            que o insuportável
            fala

      o poema por exemplo
      é apenas um pedido
        de socorro

b o r d a   provisória

    desenhada com cocaína

um tiro
em busca da palavra
fatalmente
inominável

III.

escrever
escrever para calar
meus mortos
e finalmente dormir
para encontrá-los

INCESTO

na tentativa de vingar-se
dos erros do pai
o filho
cometeu o mesmo crime

INSOSSA

tem dias que o amor não convence
esses são os dias de minha morte
a vida se desvela como é
martírio envernizado de esperança
raspo a unha nos móveis
deixo tudo em carne viva
ponho o coração na boca e cuspo
não há nada que se possa fazer
a não ser esperar algo tremeluzir
mas não espere camila os vagalumes
eles também já se foram
mamãe está dentro da cova
o grito só alivia a mandíbula
o resto segue
até que você coloque um ponto final

POR FAVOR ME PERMITA A FEIÚRA

eu sou isso aí que você tá vendo
isso aqui que você tá vendo
é o que foi possível
de fazer com as facas e pedras
que encontrei pelo caminho
esses são meus desertos
sem golpes eu sou assim
de peito lavado é assim que fico
eis a miséria e eis o altar
não acredito em dias melhores
mas passo um bom café pelas manhãs

DE NINAR

a carcaça da baleia
é um navio naufragado
erode no chão do mar
em câmera lentíssima

peixes atravessam
antigas costelas
labirintos ósseos
carcomidos pelo sal

a baleia e meu filho morto
dormem para sempre
no ventre do atlântico
e em silêncio: respiram

INTIMAÇÃO

amor mantenha algumas luzes apagadas
— eu também tenho meus segredos
mas vigie seu lobo branco
não aceito sangria nesse piso
acabou meu pulso pra limpar a mácula
de quem passou ileso pela chacina
que é estar Vivo

BODAS DE DATA NENHUMA

qual foi o momento em que nos julgamos seguros

distantes da miséria cotidiana
imunes à ambivalência do amor

qual foi o momento em que nos compreendemos

e estacionamos o amor
numa sombra ocasional

qual foi o momento que intuímos que o jogo estava
[ganho

e esquecemos
de nos arrumar um para o outro

qual foi o momento em que desistimos de dizer o
[imponderável

como se não precisássemos de corrimão
e a água matasse a sede

qual foi o momento em que embrutecemos nossas peles

esbarrão desencontrado

fricção destituída de sentido

qual foi o momento em que saímos por aquela porta
e não voltamos mais

AGONIA

I.
a história da não origem
começa pelo fim
e o fim é um túmulo
esquecido pelos mortos

II.
há quem diga que passa
mas não é bem assim
nós apenas ruminamos o breu
de boca fechada

O CADÁVER DE MEU PAI

se eu rezar sobre o cadáver de meu pai
ele não se erguerá de sua morte
deus não terá piedade do meu choro de órfão

levanta-me meu pai
cura as chagas da ausência
retira a carnívora saudade

esse negócio de morrer
já foi longe demais

(O garçom pergunta. Mesa para quantos. Entre nós
faz silêncio. É preciso contar.
Ainda é preciso contar.)

É MEIO-DIA MEU AMOR

Guarda-me uma cadeira ao sol do seu lado. Estamos fadados à incompletude. O amor é um rombo intransponível. Mas guarda uma cadeira ao sol para mim. O céu nos concederá — uma vez por dia — um momento sem sombras.

ORAÇÃO SUBORDINADA

penso
no que há
embaixo dos trapos
de cristo

penso
no sexo de cristo
caído e ensanguentado

penso
que apesar deste véu sobre minha cabeça
e dos vitrais iluminando minha tez
nada me salvou

do imenso
mistério
da carne

penso
que se somos feitos à sua imagem e
                              semelhança
buscando o Corpo dele
talvez eu possa
encontrar
algo

do meu

Epílogo:
OS TÚMULOS TAMBÉM MORREM
(para roland barthes)

o corpo é

a única

cova

COLEÇÃO NEBLINA

PODE O HOMOSSEXUAL ASSOBIAR?
Ismar Tirelli Neto

O PÁSSARO E A FACA
Daniele Kipper

CORPO LÚCIDO
Flávia Santos

MEMÓRIA TEM ÁGUAS ESPESSAS
Luna Vitrolira

**PA
GUE
A VIS
TA**

Impresso em maio de 2025 para a editora Diadorim
com as fontes *Rockwell*, *Helvetica Neue* e *IvyPresto*